DE LA

PRESSE PÉRIODIQUE

SOUS

L'EMPIRE

CE QU'ELLE A ÉTÉ. — CE QU'ELLE DOIT ÊTRE

« Si quelqu'un me montrait, entre l'indépendance complète et l'asservissement entier de la pensée, une position intermédiaire, où je pusse espérer me tenir, je m'y établirais peut-être ; mais qui découvrira cette position intermédiaire ?

(TOCQUEVILLE --- *Démocratie en Amérique.*)

PAR

M. GUYHO

Conseiller à la Cour de Cassation, membre du Conseil général
du Finistère

PARIS

RETAUX FRÈRES, LIBRAIRES-ÉDITEURS

RUE CUJAS 15

1867

AVANT PROPOS

Cet écrit devait être originairement un livre ayant
pour titre:—*De la Presse périodique sous l'Empire. Ce
qu'elle a été. — Ce qu'elle doit être.* L'auteur y travail-
lait depuis trois ans. L'ouvrage était à peu près terminé.
Une juste défiance de ses forces, le désir de donner à son
travail toute la perfection dont il était capable, l'avaient
jusqu'ici empêché de le livrer au public. Il s'en félicite
aujourd'hui, puisque la Lettre du 19 janvier est venue
prouver une fois de plus que, dans son ferme dessein
de fonder la liberté, après avoir reconstitué le pouvoir,
l'Empereur ne voulait se laisser devancer par personne,
et qu'il savait toujours arriver le premier, à l'heure des
progrès nécessaires.

Toutefois la Lettre impériale se bornant à annoncer,

d'une manière générale, la suppression du pouvoir discrétionnaire et l'attribution exclusive aux tribunaux correctionnels des délits en matière de Presse ; d'un autre côté, la loi à intervenir pouvant, dans les phases diverses de son élaboration, mettre plus ou moins en péril les principes essentiels de la liberté ou les garanties nécessaires de l'ordre, il a semblé à l'auteur que quelques parties détachées de son livre pourraient, non sans quelque utilité actuelle, être dès à présent offertes au public. Il a donc cru devoir en extraire les chapitres qui traitent des questions que la loi future aura à résoudre, après les avoir abrégés pour les faire entrer dans le cadre d'une brochure. Cette publication aura du moins l'avantage de l'opportunité. Si ce doit être son seul mérite, c'est une raison de plus de le lui assurer.

CHAPITRE Ier

État de l'opinion

Il faut le reconnaître, la liberté de la Presse n'a pas eu jusqu'à présent, dans le programme de la politique libérale, la place et le rang qu'elle nous semble mériter.

A quoi cela tient-il ? — A des causes fort diverses, parmi lesquelles il faut placer, en première ligne, le régime actuel du journalisme. Ce régime assure aux journaux en possession de la publicité un monopole fructueux, qui met en lutte leur intérêt et leur libéralisme. Comment s'étonner dès lors qu'il y ait quelque mollesse dans leurs réclamations contre l'arbitraire administratif ? Ne se serait-on pas exposé à ajourner indéfiniment la réforme commerciale, si l'on avait attendu qu'il plût aux industriels protégés de supprimer eux-mêmes les tarifs de Douane ?

Cette cause d'ailleurs n'est pas la seule.

Le passé de la Presse, le mal qu'elle a fait, celui dontt
à tort ou à raison, on la rend responsable, lui nuisent
encore dans beaucoup d'esprits. On attribue à ses
violences la chûte de nos deux monarchies constitution-
nelles, et, malgré la différence des temps et des institutions, on persiste à croire que les mêmes excès abouti-
raient, pour l'Empire, aux mêmes conséquences.

Si l'on ajoute à cette apathie intéressée des seuls organes autorisés de l'opinion, à ces terreurs vraies ou
fausses des esprits conservateurs, l'indifférence profonde des masses, le peu de sympathie de la bourgeoisie
pour le personnel et les mœurs du journalisme, on
s'expliquera l'espèce de froideur que rencontre encore
parmi nous la liberté de la Presse.

Le petit nombre d'amis qui lui sont restés fidèles,
malgré ses torts ; ceux qui voient clairement le rôle
important qu'elle est appelée à jouer dans les Institutions
impériales, ceux enfin qui voudraient essayer de l'organiser sur de nouvelles bases, trouvent encore d'autres
obstacles dans certains systèmes qui, à des points de
vue divers, tendent à en faire considérer l'entreprise
comme dangereuse ou impossible.

Il y a d'abord les *ultra-impérialistes,* qui voient
dans la législation actuelle l'idéal des progrès réali-
sables. A leurs yeux, le décret de 1852 a fixé définitive-
ment pour la Presse la mesure de liberté conciliable
avec les intérêts de l'ordre et de la sécurité publique.
L'autorisation préalable, les avertissements, la suspen-

sion et la suppression par voie administrative, on résolu à tout jamais le problème. Là est le point d'intersection cherché depuis si longtemps. En deçà, ce serait la servitude; au-delà, c'est la licence. Qu'on cesse de s'agiter pour trouver, en dehors de ce Décret les bases d'une organisation nouvelle. Quitter ce terrain solide et pratique, pour se hasarder, sous la conduite de la spéculation, dans la recherche d'un mieux chimérique, c'est côtoyer les abîmes, au risque d'y tomber de nouveau.

Cette idée fleurit particulièrement dans les régions officielles. Elle compte surtout des partisans nombreux parmi ces hommes dont le régime actuel a réalisé les rêves ambitieux. Quoi de plus naturel? *Ces gens-là*, comme disait Turgot, *trouvent leur lit bien fait et ne veulent pas qu'on le remue.*

D'autres aspirent moins à résoudre la question qu'à la supprimer.

Suivant eux, toute organisation de la Presse est inutile, dangereuse et impraticable. La liberté, la liberté sans limites, voilà le seul régime qui lui convienne. La pensée de l'homme est souveraine; toute restriction est une atteinte à ses droits. La réglementation n'est pas seulement impie; elle est maladroite. C'est elle qui donne à la Presse, en la concentrant, cette puissance destructive, qu'une facilité d'expansion indéfinie ne manquerait pas de lui ôter.

On reconnaît ici la théorie de M. Emile de Girardin.

Enfin il existe une troisième opinion qui, fidèle aux traditions du gouvernement parlementaire, voit dans la législation de cette époque le vrai régime de la liberté réglée, et pense qu'il suffit purement et simplement d'y revenir.

Dans chacun de ces systèmes la question d'organisation disparait.

Si l'on s'en tient au décret de 1852, il est clair que la part faite à l'arbitraire administratif y est si large que celle qui reste encore à la répression judiciaire ne vaut plus la peine qu'on s'en occupe.

Si l'on adopte le système de la liberté illimitée, il n'y a rien à faire non plus, la répression étant impossible là où il n'y pas de délits à réprimer.

Enfin, si l'on revient à l'état de choses qui a précédé 1848, on se retrouve au milieu d'une législation complète qui définit les infractions, trace la procédure, constitue les juridictions, détermine les pénalités, règle, en un mot, tout ce qui se rapporte à l'organisation de la liberté de la Presse, telle qu'elle est sortie de nos trente ans de vie constitutionnelle.

. Avant d'aborder la question qui fait l'objet de ce travail, nous devons donc commencer par prouver :

1° Que le décret de 1852 doit être abandonné;

2° Que la liberté de la presse ne peut pas être sans limites;

3° Que les conditions de son exercice doivent être tout autres, sous l'Empire, que sous le régime Parlementaire.

CHAPITRE II

Suppression du pouvoir discrétionnaire

—

Que de motifs pour maudire les révolutions ! Les
maux qu'elles font sont incalculables ; mais leur mal
le plus grand, celui qu'on doit le moins leur pardonner,
c'est de détruire à la longue dans les esprits la vraie
notion de la liberté.

Qui ne voit que, si parmi nous, la tradition libérale
n'avait pas été violemment interrompue par la révolution de 1848 et par la dictature nécessaire de 1851,
jamais l'on n'aurait entendu proclamer devant le Sé-
nat que la liberté de la Presse existe, sous le décret
de 1852, dans ses conditions normales, raisonnables et
pratiques ; jamais surtout on n'aurait entendu M. Granier de Cassagnac déclarer, en plein Corps Législatif
que cette liberté n'est pas un droit inhérent à l'individu, mais une simple concession du pouvoir social.

Un tel oubli des principes ne peut s'expliquer que par
l'histoire des quinze années qui se sont écoulées depuis

1848. C'est cette histoire qu'il faut se rappeler pour bien comprendre le véritable caractère du Décret de 1852.

1848-1867

Que ces dates sont rapprochées par le temps, mais qu'elles sont loin l'une de l'autre par les idées et par les faits ! Que sont devenus les systèmes, les passions, les haines, les convoitises de 1848 ? Ne faut-il pas faire une sorte de violence à sa mémoire pour évoquer ces évènements qui nous touchent de si près, et qui semblent déjà appartenir à un autre siècle ?

Nos dangers ne nous venaient pas du dehors. Protégée par sa propre faiblesse et par les complications Européennes, la France n'eut pas à supporter, en outre de ses difficultés intérieures, le poids d'une guerre étrangère.

Malheureusement cette guerre, nous l'avions au milieu de nous, et c'était la pire de toutes, la guerre sociale.

Le salut était évidemment dans le courant qui avait porté à la Présidence le prince Louis-Napoléon. Quoique ce mouvement eût pris naissance en dehors des anciens partis, ceux-ci avaient cru devoir d'abord s'y rallier, soit qu'ils fussent eux-mêmes entraînés par ce qu'il avait de national et d'irrésistible, soit qu'ils caressassent l'espoir secret de se servir du Prince, en le dominant Mais, une fois le Président élu, au lieu de le fortifier, de le grandir, de l'armer pour la lutte qu'on prévoyait, ils saisirent au

contraire toutes les occasions de le diminuer, l'emprison-
nant dans le rôle effacé que lui avait fait la Constitution,
et s'efforçant de le tenir constamment dans leur dépen-
dance.

C'est alors que Louis Napoléon, appuyé sur le peuple
et sur l'armée, entreprit de sauver la société au moyen
d'un coup d'état. Confiant dans son génie, que peu de
gens soupçonnaient à cette époque, il résolut d'agir
seul, en dehors des anciens partis, et, puisqu'il le fallait,
malgré eux.

Pouvait-il en ce moment nous donner la liberté de la
Presse ? Non. Il n'en eut même pas la pensée, et il fit le
Décret du 17 février.

Est-ce sérieusement qu'on prétend voir dans ce décret
la meilleure organisation possible de la liberté de la
Presse ? Ne met-il pas le journalisme tout entier dans la
main du Gouvernement ? Il suffit pour s'en convaincre,
de se reporter aux art. 1 et 42.

Voulez-vous créer ou publier un journal politique,
même en versant un cautionnement et en offrant les
garanties les plus sérieuses de moralité, d'esprit d'ordre
et de conservation ? — Vous ne le pouvez pas ; car une
autorisation préalable vous est nécessaire, et cette autorisation peut vous être refusée sans motif avouable
comme sans recours possible.

Avez-vous été assez heureux pour obtenir l'autorisation, et désirez-vous fortifier votre rédaction par l'ad-
jonction de quelque écrivain nouveau ? — Vous ne le
pouvez pas ; car il vous faut pour cela une nouvelle

autorisation qui peut vous être refusée aussi arbitrairement que la première.

Voulez-vous, en qualité d'héritier, succéder à votre
père dans la propriété ou dans la gérance d'un journal
autorisé ? —Vous ne le pouvez pas; car une autorisation
nouvelle est nécessaire toutes les fois que, par décès ou
autrement, il survient quelque changement dans le personnel des gérants ou des propriétaires.

Ce n'est pas tout; il est bien difficile qu'il ne vous
échappe pas dans votre polémique, quelque mot de
nature à porter atteinte à quelqu'un ou à quelque
chose qui touche, de près ou de loin, au gouvernement.
Que cela vous arrive, vous voilà averti ; soyez-le une
seconde fois, vous voilà suspendu ; suspendu une fois,
vous pouvez être supprimé.

Enfin, et pour prouver que vous ne vivez que
par pure tolérance, n'eussiez-vous jamais été averti,
n'eussiez-vous jamais été suspendu, vous pouvez encore être supprimé par mesure de sûreté générale, à
la condition, toujours facile à remplir, que le décret
soit inséré au Bulletin des lois.

Notez bien que, dans cette analyse exacte des art. 1
et 32 du décret, je ne fais figurer que les mesures qui
appartiennent au pur arbitraire de l'administration,
sans aucune intervention et sans aucun mélange de l'é-
lément judiciaire. Derrière ces mesures, il y a tout un
arsenal de lois en vigueur, tout un système répressif
toujours debout, canons chargés jusqu'à la gueule, qui
ne tirent plus depuis longtemps et qui risquent de se
rouiller à défaut d'emploi.

Mais ce décret traduit-il si exactement l'esprit des Institutions impériales, dans leur rapport avec la liberté de la Presse, que l'Empire ne puisse se maintenir et même se concevoir sans l'arbitraire administratif ?

Ici quelques observations générales sont nécessaires :

L'Empire, on l'a dit souvent, est la Démocratie organisée. Cette forme de gouvernement repose sur les trois idées suivantes :

1° Assurer au pouvoir la plus grande énergie, en lui laissant la plus grande liberté d'action ;

2° Donner à la Démocratie toute l'expansion qu'elle comporte, sans porter atteinte aux intérêts supérieurs de l'ordre et de la conservation sociale ;

3° Substituer aux moyens directs et humiliants du régime parlementaire pour imposer au pouvoir la volonté du pays, des moyens moraux et indirects qui, bien qu'aussi efficaces, laissent au Chef de l'État la liberté, le mérite, et partant, la dignité de son initiative.

On voit de suite les conséquences.

Qu'au lieu de placer simplement un pouvoir fort et libre en présence d'une opinion également forte et libre, et de s'en reposer sur la sagesse du souverain, du soin de mettre sa politique en rapport avec le vœu général, on cherche à organiser un mode d'action directe au moyen de la responsabilité ministérielle, et l'on tombe immédiatement dans le gouvernement des assemblées, c'est-à-dire dans le règne des majorités, dans les questions de cabinet, dans l'instabilité et l'abaissement du pouvoir, en un mot, dans ce régime déjà expérimenté, et dont beaucoup de gens ne se soucient pas de recommencer l'épreuve.

Que si, au contraire, poussant jusqu'à ses dernières limites les conséquences du principe démocratique, on veut imposer à la société une égalité absolue et chimérique, le gouvernement impérial, également vicié dans son essence, se verra bientôt amené à être la victime ou le complice d'une démagogie intolérable, sans contre-poids et sans frein.

Qu'on suppose enfin que, tout en prenant pour base la souveraineté du peuple, l'Empire en suspende l'exercice, ou en éloigne tellement les manifestations que les fantaisies individuelles du Chef de l'État puissent, dans le silence universel, se substituer à la volonté nationale, et nous tombons dans le *Césarisme*, qui nous conduit fatalement à la décadence et bientôt à la ruine.

Le *Césarisme*, le *régime parlementaire*, et la *démagogie*, telles sont les trois grandes déviations que peut subir le gouvernement Impérial.

Il va de soi que cette théorie n'a rien d'absolu. Sans sacrifier aucune de ces idées, on peut, l'on doit même, selon les temps, incliner plus ou moins vers l'une ou vers l'autre. Ce qui pressait le plus en 1852, c'était de reconstituer le pouvoir, en lui donnant les conditions de force, d'indépendance et de grandeur qui lui étaient nécessaires. Le décret du 17 février a été l'expression de cette situation exceptionnelle et nécessairement transitoire. Le temps de la liberté de la Presse n'était pas encore venu. Aussi, l'Empereur ne l'a-t-il pas organisée, mais ajournée par le décret de 1852·

Veut-on se convaincre à l'aide d'une théorie familière à la jurisprudence qu'elle a été supprimée et non reglementée par ce décret ?

Serait ce se montrer trop favorable à la liberté politique que de lui appliquer la même règle qu'à la liberté civile ? Il fut un temps où les théoriciens du pouvoir absolu disaient aussi du travail ce que M. Granier de Cassagnac a dit de la liberté de la Presse. Suivant eux, le droit de travailler n'était pas un droit inhérent à l'individu, mais un octroi, une concession purement gracieuse du pouvoir social. La révolution française a changé tout cela. La liberté du travail a été proclamée, mais sauf les réglements à intervenir. De là une question souvent délicate : il s'agit de distinguer entre le droit du travail, du commerce, de l'industrie, en un mot, de tous les modes de l'activité humaine, et le droit de réglementation que, dans un intérêt supérieur d'ordre et de police, l'État n'a pas pu abandonner.

Veut-on savoir comment cette question est résolue par la Cour suprême ? Toutes les fois que le droit lui-même est livré au pouvoir discrétionnaire de l'administration par la nécessité d'une autorisation préalable, la Cour déclare l'illégalité des réglements, dont on demande aux tribunaux la sanction pénale. Pourquoi ? Parce que assujettir l'exercice d'un droit à une telle autorisation, ce n'est pas réglementer ce droit, c'est le supprimer.

Si l'on applique cette doctrine au décret de 1852, qu'en faudra-t-il conclure? Je ne parle pas du cautionne_ment ni des autres conditions préventives qui ont été imposées par ce décret à la publication de tout journal traitant de matière politique. Ces conditions peuvent rendre l'usage du droit plus difficile, mais ne créent pas un obstacle absolu à son exercice. En est-il de même des deux dispositions qui caractérisent essentiellement le décret de 1852, je veux parler de l'autorisation préalable et de la suppression par voie administrative ? Non sans doute. Il est dérisoire de me dire que je suis libre de publier mes opinions, quand je ne le puis faire que sous votre bon plaisir.

Chimères ! dira-t-on. Subtilités d'idéologues qui sacrifieraient la liberté vraie, la liberté pratique à je ne sais quelle liberté idéale ! Qu'importe qu'une autorisation soit nécessaire, si elle est accordée à tout organe sérieux de l'opinion ? Qu'importe que l'administration soit armée du droit d'avertissement et de suspension, si elle n'en use que pour empêcher des excès de polémique que toute bonne législation répressive devrait interdire ? Qu'importe enfin qu'elle ait le pouvoir de supprimer les journaux, si elle l'a exercé avec discernement et si elle a pu réaliser, grâce au pouvoir disciplinaire dont elle est investie, le phénomène d'une presse qui a tous les avantages de la liberté sans aucun de ses abus ?

Je plaindrais les générations nouvelles, si elles en étaient à ne plus comprendre la différence qui existe entre cette liberté, tolérée, autorisée, modérément administrée, et la liberté véritable. Autre chose sera toujours de dépendre de la volonté de l'homme, autre chose de dépendre de la volonté de la loi. Le pouvoir discrétionnaire est odieux, même quand on en use avec discrétion.

Autorisation et *liberté* sont deux termes contradictoires ; la Presse autorisée n'est pas plus la Presse libre, que le l'esclave admis dans la familiarité de son maître, n'est l'ouvrier gagnant fièrement sa vie à la sueur de son front.

Comment un publiciste, qui a fait des questions de presse, une étude si approfondie, a-t-il pu écrire dans un livre récent : — « L'administration a, envers les jour-« naux et les écrivains, des ménagements que n'aurait « pas la justice. Les avertissements administratifs ne « sont pas bons, mais ils valent encore mieux que les « condamnations judiciaires. » — En sommes-nous donc venus à préférer les petites douceurs de l'arbitraire aux mâles jouissances de la liberté ? Un tel abaissement de la pensée serait inexplicable, s'il ne fallait y voir l'expression paradoxale d'un système propre à M. de Girardin. Qui ne sait, qu'en dehors de la liberté sans limites, cet écrivain ne trouve rien qui puisse le satisfaire ?

Nous venons de voir quel est le caractère du décret de 1852, au point de vue des principes, l'examinerons-nous maintenant au point de vue des faits ?

Cette loi était bonne en 1851, car elle était nécessaire. L'est-elle encore ? conservons-la, Ne l'est-elle plus ? changeons-la.

Pour répondre à cette double question, il faudrait faire l'histoire de l'empire depuis 1852. Nous nous bornerons à demander où est aujourd'hui le danger qui pourrait motiver le maintien de ces précautions exceptionnelles.

Soit qu'on jette ses regards sur notre situation intérieure, soit qu'on les reporte au dehors, peut-on s'empêcher de reconnaître que la paix est partout, que la cause de l'ordre et de la démocratie régulière est gagnée, et que le moment est venu où la liberté de la Presse, loin d'être un danger, sera au contraire une force nouvelle pour le gouvernement impérial ? Ce retour au droit commun deviendra en effet comme le gage de son triomphe définitif, en prouvant à tous qu'il est assez fort pour n'avoir rien à craindre de la discussion.

Le succès du premier pas qui a été fait dans cette voie, n'est-il pas un encouragement à en tenter un second ? — Je sais qu'il y a des gens qui en sont à regretter le décret du 24 novembre ; qui s'étonnent et qui s'effraient de voir les actes de la politique impériale discutés, contrôlés, attaqués par une opposition malveillante et souvent audacieuse. Mais n'est-il pas manifeste, au contraire, que cette épreuve, loin d'affaiblir l'Empire, l'a consolidé ? Qui pourrait s'imaginer combien de sourdes accusations, de reproches murmurés tout bas, de calomnies circulant mystérieusement dans les foules, et faisant leur chemin par des voies souterraines, au grand péril du gouvernement, sont venus expirer devant un débat solennel et public, où tout s'est dit, où tout a pu se dire ?

Faut-il s'alarmer, parce que ce réveil de la vie politique a produit, sur quelques points, particulièrement à Paris et dans les grandes villes, une animation inatttenduc? Que certains noms, restés pendant dix ans dans l'ombre, aient été remis en lumière, par un juste retour de l'opinion vers des illustrations qui, à quelque parti, qu'elles appartiennent, sont, à des titres divers, une gloire pour la nation; que quelques Préfets mal avisés n'aient pu réussir à faire accepter par le suffrage universel leurs préférences particulières pour tel ou tel candidat recommandé, mais parfois peu recommandable, est-ce donc là un si grand mal ? Que font ces échecs partiels qui, après tout, ont pour résultat d'affirmer la liberté électorale, si l'Empire, en traversant, sans en être ébranlé, cette phase nouvelle, a pu prouver au monde entier qu'il n'était pas un expédient des mauvais jours, moins accepté que subi, mais un gouvernement régulier et sérieux, capable de supporter l'épreuve de la discussion et du contrôle ?

N'est-ce pas déjà un résultat immense d'avoir fait rentrer dans la vie politique et interné dans le cercle de la constitution, tous les chefs des anciens partis? Quelque arrière-pensée qu'on leur suppose, n'ont-ils pas prêté serment ? Cette attitude, si malveillante et si hostile qu'elle puisse être, ne vaut-elle pas mieux que l'isolement irrité dans lequel ils s'étaient tenus jusque-là ? Ne comprend-t-on pas tout ce qu'on a gagné à voir enfin se produire au grand jour ces accusations auxquelles l'obscurité prêtait des proportions formidables?

Si l'Empire a pu, sans être ébranlé, subir les attaques des hommes politiques les plus éloquents, parlant avec l'autorité qui s'attache au mandat de député, comment croire qu'il ne pourra supporter celles de la Presse, affranchie des entraves du décret de 1852 ?

Mais pourquoi plaider encore, quand la cause est gagnée ? La Lettre impériale du 19 janvier n'annonce-t-elle pas la suppression du pouvoir discrétionnaire ? — Oui, mais cette suppression devra se traduire dans une loi, et cette loi n'est pas encore faite. Ne peut-il pas se produire des résistances, je ne dis pas dans le comité des ministres chargés de préparer le projet, je ne dis pas dans le Conseil d'État appelé à en réviser la rédaction, mais dans le sein du Corps Législatif lui-même ?

Cette résistance ne se produisît-elle pas, il importait encore de prouver que le décret de 1852 doit être abandonné, non pas seulement dans celles de ses dispositions qui organisent le système disciplinaire des avertissements et de la suppression administrative, mais encore et surtout, dans celles qui exigent pour la création d'un journal politique, l'autorisation préalable du gouvernement. Tout projet de loi qui n'aurait pas pour base ce double abandon, ne répondrait pas à l'attente de l'opinion, et traduirait d'une manière infidèle la pensée de l'Empereur.

————

CHAPITRE III

Pas de liberté illimitée (M. DE GIRARDIN)

—

La théorie de la liberté illimitée s'est incarnée dans
M. Emile de Girardin. C'est donc à lui qu'il faut s'en
prendre, quand on veut la combattre.

Ce publiciste aime les idées justes, mais il aime encore mieux les idées neuves. La vérité lui est chère,
mais moins que le paradoxe. Pour qu'une opinion
lui plaise, il faut qu'elle ne soit celle de personne.
Il ne hait rien tant que de tremper sa plume dans
l'écritoire d'autrui. Dédaignant les voies frayées, ne
passant jamais par les portes ouvertes, quand le monde
réel lui manque, il s'élance résolûment dans le monde
des chimères.

Sa méthode est synthétique. Quoiqu'il aime à pa-
raître justement préoccupé des faits, il prend presque
toujours son point de départ dans la sphère des idées.
Il a raison ; toutes les fois qu'on veut établir avec
quelque rigueur une vérité de l'ordre moral, on se

trouve forcément ramené à l'étude des problèmes qui se rattachent à la nature humaine.

Seulement, la fidélité absolue aux principes n'est pas moins rare dans l'ordre intellectuel que dans l'ordre moral. Il arrive parfois, eu égard à l'infirmité de notre esprit, que le fil de la déduction logique se rompt en passant d'une sphère dans l'autre, et qu'alors, des idées contradictoires, des systèmes disparates vivent et cohabitent ensemble dans le même cerveau. Il s'en suit que, de même qu'on peut être absurde par esprit logique, on peut être raisonnable par inconséquence.

Ce dernier reproche n'est pas celui qu'on peut adresser à M. de Girardin. Son système sur la liberté de la Presse découle logiquement du principe qu'il a posé. Mais c'est ce principe lui-même dont il nous serait facile de démontrer la fausseté, si le cadre que nous avons choisi ne nous interdisait tout développement.

Au lieu d'une réfutation directe, qui nous conduirait trop loin, nous aimons mieux faire toucher au doigt les dangers de ce système, en montrant à quelle conception générale il se rattache.

La révolution de février avait imprimé à l'imagination et aux facultés inventives de M. de Girardin un ébranlement dont il n'est pas encore remis.

Comment en eut-il été autrement ? Des institutions qu'on avait regardées pendant trente ans comme la solution définitive du problème de la liberté politique, venaient de tomber, en vingt-quatre heures, laissant la place nette pour toutes les conceptions de la Démocratie triomphante. Celle-ci avait à se constituer, et tous les hommes voués aux études de l'économie sociale étaient mis en demeure de découvrir, à heure fixe, les combinaisons les plus propres à l'organiser, en même temps qu'à la contenir.

L'esprit de M. de Girardin fut frappé de la grandeur du problème. Ebloui par le rayonnement du principe démocratique, il conçut bientôt un système, qui, grâce aux illusions naturelles aux inventeurs, lui parut la formule dernière, à laquelle il fût donné à l'intelligence de l'homme d'atteindre. Il crut avoir fait, dans l'ordre moral, une découverte égale à celle de Newton et de Galilée dans l'ordre physique. Le nom donné par lui à cette étrange conception fut aussi étrange que la conception elle-même; il l'appela L'AUTONOMIE UNIVERSELLE.

Qu'est-ce que l'AUTONOMIE UNIVERSELLE ? Donnons-en une idée sommaire. Le meilleur moyen de juger, en pleine connaissance de cause, le principe de la liberté illimitée, c'est de voir où il vient et où il conduit.

Quel est le point de départ de M. de Girardin ?

— « Je suppose, ou je veux supposer, dit-il, que
« Dieu n'existe pas, ou que, s'il existe, il est impossible
« d'en démontrer l'existence ; que l'homme n'a aucune
« faute originelle à racheter ; qu'il ne revit charnelle-
« ment que dans l'enfant qu'il a procréé, qu'il ne revit
« intellectuellement que dans l'idée ou l'action par la-

« quelle il s'immortalise ; que moralement le bien et le
« mal n'existent pas, consubstantiellement, absolument
« incontestablement, par eux-mêmes ; qu'ils n'existent
« que nominalement, relativement, arbitrairement ;
« qn'il n'existe effectivement que des *risques*, contre les-
« quels l'homme, obéissant à la loi de conservation qui
« est en lui, et commandant à la matière, cherche à s'as-
« surer par les moyens dont il dispose. »

Ce qui frappe d'abord dans cette étrange profession
de foi, qui n'est pas autre chose qu'un pur matérialisme,
sous forme sceptique, c'est qu'elle a pour base une hy-
pothèse. *Je suppose*, dit M. de Girardin ; singulier point
de départ, pour un homme qui affecte les formes et les
procédés philosophiques, et dont la prétention est de
n'admettre que ce qui est démontré. S'étonnera-t-on
après cela, qu'embarqué dans ce ballon gonflé par l'hy-
pothèse, il ne nous conduise que dans le royaume des
chimères?

Simplifier, simplifier, s'écrie M. de Girardin, tout
est là ! — Et, pour simplifier, il mutile. Dieu, la morale,
l'immortalité de l'âme le gênent ; il les supprime.
L'homme, tel que Dieu l'a fait est double dans sa nature:
corps et âme, esprit et matière ; de ces deux moitiés, il
prend l'une et rejette l'autre, la meilleure. Il opère
ensuite sur cet homme ainsi mutilé, comme s'il n'était
pas fatalement placé dans les conditions de l'espace et
du temps. Il ne tient aucun compte ni des climats, ni
des latitudes, ni des nationalités ; il néglige toutes les
différences de mœurs et d'institutions .Son homme n'est
ni un Français, ni un Anglais, ni un Lapon, ni un Hot-

tentot; c'est un homme, moins l'âme, moins la religion, moins la morale; c'est-à-dire une abstraction sans réalité, un être à qui il ne manque que la vie.

Une fois en possession de cette pièce mécanique, il l'ajuste, il l'introduit dans un engrenage, il la fait mouvoir à grand renfort de soupapes, et pistons, et, cela fait, il se pâme d'admiration devant son œuvre, ne se doutant pas que, le jour où l'homme vrai, l'homme entier et vivant, entrera sous cette enveloppe, son souffle seul suffira pour faire éclater toute la machine.

Des mots, des mots, des mots, s'écrie l'Hamlet de Shakspeare. — M. de Girardin connaît leur puissance, et quand les idées lui manquent, il y supplée par des mots, qu'il enfile comme un chapelet ou qu'il fait partir comme une fusée. Qu'on en juge par l'espèce de litanie qui résume tout son système :

Assurance universelle.

Pacification universelle.

Inscription universelle.

Vote universel.

Instruction universelle.

Justice universelle.

Douaire universel.

Décime universel.

Propriété universelle.

Le tout conduisant au but final de l'auteur : L'AUTONOMIE UNIVERSELLE.

Je ne veux pas pousser plus loin cette analyse? Ceux qui tiendraient à connaître le système, dans son ensemble et dans ses détails, pourront recourir au livre lui-même. Un mot seulement sur la réforme assez originale que l'auteur propose d'introduire dans la constitution de la famille. Il s'agit, comme on va le voir du *douaire universel* et de ce que M. Girardin appelle le grand principe de l'*égalité des enfants devant la mère.*

Tous les réformateurs, qui ont rêvé, comme l'auteur de *l'Autonomie universelle,* un monde idéal, un homme idéal, une société idéale plus parfaits que le monde, l'homme et la société sortis des mains de Dieu, ont été conduits fatalement à toucher à la famille et, par suite, au mariage, qui en est le fondement.

Jusqu'ici, ceux qui n'apportaient pas, comme les Saints-Simoniens, une religion nouvelle, s'étaient assez généralement bornés à demander le rétablissement du divorce, ou la suppression des lois qui interdisent la recherche de la paternité. Mais de telles innovations ne pouvaient pas satisfaire M. de Girardin. — « Il y a longtemps, dit-il, que
« j'ai appris à quoi m'en tenir sur les réformes partielles.
« Elles sont pour le moins aussi difficiles à obtenir que les
« réformes intégrales, et, le plus souvent, les demandes
« ne sert qu'à vous faire taxer d'inconséquence et battre
« à plate couture. Qu'on ne me parle donc plus de ré-
« formes partielles et de palliatifs. L'erreur est relative
« et la vérité est absolue. Quiconque cherche et pour-
« suit la vérité doit donc être absolu. »

Avec de tels principes, on ne doit pas s'étonner de le voir tailler dans le vif :

Il a découvert — un peu tard il est vrai — que si le monde tourne, comme l'affirme Galilée, il y a quelque mille ans qu'il tourne de travers. Jusqu'à présent, l'ordre social avait eu pour axe la paternité, c'est-à-dire une présomption sans cesse démentie par le fait, ou, tout au moins, un mystère toujours couvert d'un voile impénétrable. C'était là une bévue de l'humanité. Il supprime d'un trait de plume cette paternité équivoque, aussi bien que la fameuse maxime : *Is pater est*, et, lui substituant le fait certain de la maternité, à côté du principe : *Tous les français sont égaux devant la loi*, qui a fait une révolution politique, il proclame le principe encore plus fécond : *Tous les enfants sont égaux devant la mère*, qui fera une révolution sociale.

Dans ce système, la femme est affranchie de sa servitude séculaire. Elle devient l'égale de l'homme, on pourrait même dire qu'elle lui est supérieure. Sa fonction sociale s'agrandit aussi bien que sa responsabilité. Comme la reine la plus puissante est tenue, aussi bien que la dernière femme du peuple, d'accoucher elle-même, sans pouvoir se décharger sur une autre de ce soin importun, ainsi la mère sera tenue d'allaiter son enfant, sans pouvoir déléguer à une nourrice étrangère cette première et essentielle fonction de la maternité. C'est à peine si M. de Girardin lui permet la chèvre et le petit pot.

Après le sevrage, c'est toujours la mère qui est chargée de l'éducation physique, intellectuelle et morale de l'enfant. Même alors qu'il arrive à l'âge où il faut choisir une carrière, c'est encore à la mère seule de déterminer sa vocation et de lui marquer sa place dans la société. Elle concentre en elle tous les pouvoirs; son autorité ne s'étend pas seulement sur la personne, mais sur les biens; car M. de Girardin a également découvert que la femme avait en elle — sans qu'on s'en doutât, — toutes les vertus d'un agent de change et d'un parfait notaire.

Il va sans dire que, né ou non dans le mariage, l'enfant ne connaît que sa mère. C'est d'elle seulement qu'il hérite, c'est d'elle seule qu'il porte le nom. Quant au mari, il n'est dans ce système qu'une machine à pro-créer. Son rôle ressemble quelque peu à celui de l'étalon qui, sa fonction accomplie, reste sans aucune relation avec le produit qui doit en naître. Il n'y a plus de place pour lui dans la famille. Au foyer domestique, à la table commune, il n'est qu'un étranger, qu'un parasite sans pouvoir comme sans dignité.

Au reste M. de Girardin reconnaît trois sortes de mariages.

Le mariage du 1er degré, qui se célèbre sur l'autel de la nature; celui du second degré, qui se célèbre devant le notaire seul, et celui du 3e degré, qui se célèbre devant le notaire et devant le prêtre. Le monde peut distribuer inégalement l'approbation ou le blâme à ces trois unions, mais les enfants qui en naissent, égaux devant la mère, le sont aussi devant la loi, qui les traite exactement de la même manière.

Seulement, M. de Girardin a trop de logique pour imposer à la maternité des charges, sans lui donner les moyens de les supporter. Dès qu'il érigeait un trône à la mère, il devait lui constituer une liste civile. De là le DOUAIRE UNIVERSEL ET INALIÉNABLE.

Ce douaire est la prime d'assurance destinée à garantir la femme qui se livre contre le risque de la maternité. L'auteur s'exalte jusqu'au lyrisme, à la pensée des effets que doit produire cette merveilleuse invention. Il y voit une arme nouvelle, mise aux mains de la jeune fille pour se préserver des tentatives de la séduction. Formée à son école, voici le langage quelle tiendra désormais à son séducteur : — « Vous voulez que je me livre à vous, je ne dis pas non ; je sais que je vous opposerais en vain la modestie, la pudeur, vieux mots qui vous feraient rire et serviraient mal à me défendre. Je vous dirai simplement : je puis devenir mère et la loi m'oblige à nourrir mon enfant. Mettez-moi donc en mesure de remplir ce devoir, cela monte à tant, voilà mon chiffre, impossible d'en rien rabattre. » Je m'arrête... le cœur se soulève en face de cette tarification de toutes les pudeurs et de toutes les virginités de la femme.

Finissons par une citation empruntée à un jurisconsulte qui est, en même temps, un éminent publiciste, « La raison, l'honnêteté, la pudeur, dit M. Troplong. « parlent en faveur du mariage ; la France n'a jamais « été sourde à leur voix. Elle l'a bien montré, dans « ces derniers temps, lorsque certaines sectes nova- « trices, qui font entrer l'abolition, ou, si l'on veut, la « transformation du mariage dans leurs plans de ré- « génération, ont osé toucher à ce point délicat... ; le « bon sens pulic s'est tenu en garde, les bonnes mœurs

« se sont révoltées ; le ridicule et le mépris ont fait le
« reste. »

Est-ce ici une simple digression, et le système que
je viens d'analyser est-il sans aucun rapport avec
la liberté illimitée de la Presse, dont M. de Girardin est le fervent et à peu près le seul apôtre ? Je
ne le crois pas. La liberté illimitée n'est qu'un corol-
laire *de l'Autonomie universelle ;* tout cela se tient
et s'enchaîne, et, en exposant l'une, j'ai suffisamment,
quoique indirectement, réfuté l'autre.

Assez sur la liberté illimitée ; il faut aller où est le
danger, et franchement le danger n'est pas là.

CHAPITRE IV

**Nouvelle politique du Parti libéral. — Rôle
de la Presse sous l'Empire**

La liberté de la presse autorisée, tolérée et avertie n'est
pas la liberté véritable, nous n'en voulons pas, ou plutôt
nous n'en voulons plus.

La liberté illimitée et impunie détruit l'équilibre des
pouvoirs, place, au-dessus d'eux, une puissance absolue,
qui ne créerait un moment l'anarchie, que pour ramener le despotisme ; nous n'en voulons pas davantage.

Que voulons-nous donc ? nous voulons la liberté dé-
finie et réprimée, *sub lege libertas.*

Mais, ici, se présente notre troisième question. — Le
système répressif n'est pas nouveau. Il a déjà été prati-
qué pendant une partie de la restauration et pendant
toute la durée du Gouvernement de 1830. Faut-il y
revenir purement et simplement, en acceptant tous les
principes qui furent proclamés à cette époque ? N'y a-t-
il rien à changer dans la constitution de la Presse,
dans les conditions de sa responsabilité, dans les garanties qu'elle doit offrir, dans les restrictions qu'il convient de lui imposer ? N'importe-t-il pas d'introduire
quelques modifications dans l'échelle des pénalités,

dans les formes de la procédure, dans l'organisation des compétences ? En un mot la Presse peut-elle rester constituée sous le régime impérial, comme elle l'était sous le régime parlementaire ?

Pour pouvoir résoudre cette question, il convient d'abord de préciser le rôle que la Presse est appelée à jouer dans l'ensemble des institutions actuelles.

Le mouvement qui a son point de départ dans le décret du 24 novembre, peut suivre deux directions : l'une, qui consiste à chercher les garanties de la liberté dans l'extension des droits de la Chambre, l'autre, qui les demande de préférence au développement progressif de la vie locale, et à une organisation nouvelle de la force morale de l'opinion. C'est dans la première de ces deux voies que le parti libéral s'est, jusqu'à présent, engagé. N'aurait-il pas fait fausse route ?

Ce qu'on peut dire avec certitude, c'est que le succès a manqué à ses efforts. — Non que la campagne n'ait été dirigée avec habileté et conduite avec entrain ; non que, généraux et soldats, n'aient fait leur devoir ; mais ils ont rencontré des résistances imprévues. Ni dans les masses, ni dans l'opinion, ni dans l'Assemblée, ni dans le Gouvernement, le régime parlementaire n'a gagné de terrain ; malgré la présence des ministres à la Chambre et le rétablissement de la Tribune, il en a plutôt perdu.

Cet insuccès s'explique du reste par ce qu'il y a, au fond, d'incompatible entre ce système et le régime impérial. Ce qui caractérise essentiellement celui-ci, c'est la substitution du gouvernement de l'Empereur au gouvernement des Assemblées. Or, il est clair que par l'initiative des lois, par la responsabilité des ministres, par la solidarité des cabinets, par le droit illimité d'interpellation et d'amendement, en un mot, par le retour à la maxime: *Le Roi règne et ne gouverne pas*, le Corps législatif rentrerait en possession de toutes les attributions des anciennes Chambres. L'Empire serait détruit.

Mais, dira-t-on, renoncer à ces droits, c'est renoncer à la liberté elle-même. Sans eux, il n'y a de possible que le gouvernement personnel. C'est ce qu'il s'agit d'examiner.

On ne peut se dissimuler que, dans la distribution actuelle des pouvoirs, la part de la liberté n'ait été aite avec quelque parcimonie. Non quelle y soit dénuée de toute garantie : la souveraineté du peuple proclamée en tête de la Constitution, le suffrage universel placé à sa base, la discussion de toutes les questions politiques par une assemblée librement élue, le pouvoir de paralyser l'action gouvernementale par le refus de l'impôt, ce sont là des droits importants, et qui arment suffisamment la nation contre les maux extrêmes de la servitude. Un peuple qui, maître de sa destinée, investi du droit constitutionnel de couper court à la tyrannie, se résignerait à la subir, un tel peuple aurait mérité son sort ; il ne serait pas digne d'être libre.

Mais ces garanties suffisent-elles également pour que l'opinion éclairée du pays puisse exercer une action efficace sur la marche journalière du gouvernement ? Il est permis d'en douter.

Lorsqu'on jette les yeux sur l'ensemble de nos institutions, que voit-on tout d'abord ?

Au sommet, un pouvoir unitaire, se perpétuant par l'hérédité, libre dans son action, tout puissant pour le bien, mais aussi pour le mal ; à l'autre extrémité, le peuple, avec le suffrage universel, c'est-à-dire avec la souveraineté du nombre, force brutale, d'où la mort peut sortir aussi bien que la vie, si elle n'est pas dirigée par l'intelligence. Bien que l'Empereur soit originairemens issu du peuple, qu'il se reconnaisse responsable devant lui, et qu'il se soit réservé le droit de lui faire appel, il est certain, qu'en dehors des cas très-rares qui rendront cet appel nécessaire, un intervalle immense les sépare constitutionnellement l'un de l'autre. Il y a entre eux comme un grand espace vide, sans aucun moyen légal de communication autre que le droit d'élire, tous les six ans, les membres du Corps Législatif. Sans doute ce droit serait plus que suffisant, si le Corps Législatif était en possession des prérogatives des anciennes Chambres ; mais nous venons de voir qu'il ne les a pas, qu'il ne doit pas les avoir. Que reste-t-il donc pour remplir cet espace, pour rendre efficace cette responsabilité nominale écrite au frontispice de la Constitution ? Rien, à moins qu'on n'y sous-entende le droit de Révolution.

Il suit de là que le problème à résoudre est celui-ci : Trouver un moyen qui, sans entraver le pouvoir dans son action, sans enlever au peuple, dans ses comices, la liberté de ses suffrages, puisse éclairer l'un et l'autre, les contenir dans leurs limites respectives, et assurer, dans la marche générale des affaires, le triomphe constitutionnel de tout ce qui est raisonnable, utile et juste.

Empressons-nous de dire que le moyen qu'il s'agit de trouver doit être cherché dans un élément purement moral, dépourvu de toute action directe et coercitive. Autrement, on retomberait dans les inconvénients qu'on veut éviter.

Les régimes précédents avaient cru devoir placer les garanties de la liberté dans l'accroissement des prérogatives du Parlement. Mais, en y faisant descendre le pouvoir, ils avaient tellement multiplié les points de contact entre l'autorité et la liberté, que le frottement aigre et continu des deux rouages devait, au bout d'un certain temps, démonter ou faire éclater la machine.

Le gouvernement, privé de la force qu'il aurait puisée dans le suffrage universel, soumis à des chocs répétés et incessants, non-seulement de la part du Parlement, mais encore de la part de la Presse, autre organe de mouvement et de progrès agissant dans le même sens et s'inspirant des mêmes passions, le gouvernement, disons-nous, n'offrait qu'une force de résistance insuffisante pour remplir le rôle de conservation, en même temps que d'action, qui lui était imposé par sa nature.

C'est là ce qui a été condamné par l'expérience ; c'est là ce qui a été jugé inconciliable avec le principe des

Institutions impériales ; c'est là enfin ce dont le Séna-
tus-Consulte du 22 juillet a interdit de provoquer le retour.

Placée en face de cette porte, décidément fermée, la
Liberté doit-elle s'obstiner à y frapper sans cesse, dans
l'espoir d'arriver un jour à l'enfoncer ? Ne vaut-il pas
mieux, au contraire, en chercher une autre, encore ouverte, parlaquelle elle puisse s'introduire pacifiquement
dans les Institutions impériales, sans rien changer à
leur principe ?

Telle est la question qui se pose d'elle-même et qui
semble commander aux impérialistes-libéraux une
conduite toute différente de celle qu'ils ont suivie jusqu'à ce jour.

Nous n'avons pas ici à tracer le programme de cette
politique.

Déjà, par la loi sur les Conseils généraux et munici-
paux, le Gouvernement s'est engagé dans une voie de
décentralisation progressive qui se rattache à ce système, lequel se résume ainsi : — Développer les aptitudes politiques des masses, en plaçant un accroissement
de vie, non pas au centre, mais aux extrémités ; faciliter et moraliser l'exercice du suffrage universel, en
inscrivant l'obligation de s'instruire à côté du droit de
voter ; constituer la presse périodique dans des conditions de liberté, de diffusion et de moralité, qui en fas-
sent, à la fois, le frein du pouvoir et le flambeau de la
démocratie.

Ce troisième point étant le seul objet de ce travail, il

importe de déterminer avec précision le rôle de la Presse, à ce double point de vue :

Et d'abord, la démocratie a-t-elle besoin d'être éclairée et contenue ?

Le suffrage universel est son instrument nécessaire ; mais qu'arrive-t-il, si le droit de voter a été donné aux citoyens avant l'instruction générale qui doit en diriger l'exercice ?

Il arrive fatalement une de ces trois choses :

Ou le droit lui-même est déserté par ceux qui en ont été investis ; — ou il subit, dans la pratique, la pression des influences locales, soit aristocratiques soit révolutionnaires ; — ou enfin (ce qui est encore le moindre mal) il prend le mot d'ordre officiel et se range docilement sous la discipline administrative. — C'est ainsi que le droit peut-être compromis par son extension prématurée, et, qu'au lieu de la réalité du suffrage universel, on n'en a plus que le simulacre.

Mais il est un autre danger plus grave.

Du jour où la majorité numérique se sera aperçue qu'elle est maîtresse des lois, il est à craindre qu'elle ne soit tentée de s'en servir pour opprimer et dépouiller la minorité. Si cette heure néfaste des Démocraties venait jamais à sonner, on verrait s'établir, au sein du prolétariat, une domination brutale qui, ramenant, par un détour, le régime des priviléges, le constituerait non plus en haut, mais en bas, au profit de la classe la plus nombreuse, la plus ignorante et la plus pauvre.

Cette crainte est-elle chimérique? Invoquera-t-on l'exemple des Etats-Unis? Cet exemple ne prouve rien.

On sait, qu'en Amérique, la terre est aux mains de la majorité, grâce à l'énorme disproportion qui existe entre l'étendue du territoire et la population. « Cette « république, dit un ingénieux écrivain[1], a l'une des « bases que Platon voulait pour la sienne : l'univer- « salité, sinon la communauté des biens. Les abeilles vi- « vent en société, et cette société est une paix inaltérable. « La raison en est simple ; il y a des fleurs pour toutes. »

A part ces prévisions, peut-être trop lointaines, ne voit-on pas que le mal présent des démocraties est la haine des supériorités sociales, la tendance à ramener sous le niveau de l'égalité, le génie, le capital et l'intelligence ? Qu'on ne croie pas que le remède soit toujonrs dans la constitution d'un pouvoir unitaire et concentré. Il y a entre la tyrannie d'en haut et celle d'en bas des affinités secrètes, de mystérieuses complicités. Leur alliance s'est souvent réalisée dans le monde, et ce n'est pas la première fois qu'on aurait vu les peuples acheter les joies de l'égalité, au prix de la servitude.

De grands esprits, frappés de cette infirmité des sociétés démocratiques, en ont cherché le remède dans des combinaisons électorales ou parlementaires. M. J. Stuart Mill, entre autres, a essayé de rétablir l'équilibre au profit de la propriété et de l'intelligence ; il a voulu combattre la domination brutale du nombre, au moyen d'un mécanisme électoral propre à assurer aux minorités elles-mêmes une représentation proportionnelle

[1] Dupont-White.

M. de Girardin est allé plus loin : il a partagé les fonctions du gouvernement entre la majorité et la minorité, attribuant à la première le pouvoir, à la seconde, la surveillance et le contrôle,

Nous ne nions pas qu'on ne puisse rencontrer, dans cette voie, d'ingénieux préservatifs contre le péril qui nous effraie. Sans repousser les combinaisons qui peuvent, à un degré quelconque, contrebalancer l'influence prédominante de la majorité numérique, nous ne craignons pas d'affirmer que le vrai remède n'est, ni dans la concentration du pouvoir, ni dans l'extension des droits du parlement, ni dans le changement du mode de votation électorale, mais uniquement, et avant tout, dans une constitution plus forte et plus libérale de la Presse périodique.

Voilà la place qu'elle doit occuper, dans la société actuelle, comme flambeau de la démocratie. Voyons celle qui lui appartient comme frein du pouvoir.

Inutile de répéter ici que, sous le régime actuel, le pouvoir a été constitué dans des conditions d'indépendance si absolue, qu'à défaut d'une grande force d'impulsion ou de résistance morale placée dans l'opinion, on action ne rencontrerait devant elle presque aucunes limite.

Dira-t-on que le gouvernement sera toujours trop sage pour pousser à outrance les conséquences de son droit ? qu'il s'empressera de changer de système politique, dès que ce système viendra à être repoussé par une majorité résolue et persévérante ?

Si l'on veut payer un juste tribut d'admiration au Souverain qui nous gouverne, je ne demande pas mieux que de m'y associer; j'irai plus loin : qu'on me garantisse que la loi de l'hérédité maintiendra constamment sur le trône, dans la suite des temps, la même somme de sagesse, et je n'insiste plus. Les institutions, fussent-elles défectueuses, le génie du souverain est là pour les corriger. Mais, s'il n'est donné à personne de prendre un tel engagement, il faut bien, tout en profitant de la sagesse des hommes, comme d'un accident favorable, chercher des garanties moins fragiles dans la sagesse des institutions. A ce point de vue, l'épreuve heureuse qui a été faite depuis quinze ans du régime actuel n'a rien de concluant en faveur de sa bonté intrinsèque et absolue. La part qui lui revient dans le succès se trouve en effet diminuée de toute celle qu'on est obligé de faire à l'habileté du Prince. Plus celle-ci est grande, plus celle des institutions devient petite ; il s'ensuit que la même cause qui fait notre sécurité dans le présent, doit faire notre inquiétude dans l'avenir.

Il y a en effet deux hypothèses qui doivent toujours être soigneusement écartées dans les recherches de ce genre ; la première, est celle qui consiste à supposer dans les hommes ces qualités éminentes dont la nature est avare et qu'elle distribue avec une inégalité capricieuse ; la seconde, celle de ces crises extraordinaires qui troublent parfois l'existence des sociétés même les mieux réglées, et pendant lesquelles leurs institutions ordinaires ne sauraient leur suffire. En un mot, le génie et la dictature ne sont pas dans les données du problème. Pour le résoudre, il faut se placer en face de la moyenne d'intelligence et d'événements qui constituent la vie ordinaire des nations et des dynasties.

Revenons donc au seul point qui soit débattu. La difficulté n'est pas de savoir si le pouvoir a besoin d'être contenu, mais comment il le sera sans nuire à sa liberté d'action.

L'idée de chercher, dans la force morale de l'opinion, le frein du pouvoir a pour elle la logique du principe démocratique, aussi bien que l'ensemble des sentiments et des habitudes d'esprit que nous tenons du développement de notre histoire.

Qui ne voit que la liberté de la Presse est une conséquence nécessaire de la souveraineté du Peuple ? Le droit d'élire tous les six ans des représentants n'est qu'une manifestation insuffisante de cette souveraineté. Pour qu'elle ne nous conduise pas à la tyrannie du nombre, à l'oppression des minorités, il faut qu'ele soit constamment soutenue et dirigée par la raison générale. Si le suffrage universel est l'organe nécessaire de tous les intérêts la liberté de la presse est le suffrage universel de toutes les intelligences. Aux termes de la Constitution, l'Empereur étant responsable devant la nation , l'accord entre lui et le peuple n'est pas moins nécessaire à l'exercice régulier de son pouvoir, qu'il ne l'était autrefois entre le roi et la majorité de la chambre. Or, cet accord n'existera sûrement qu'autant que des rapports légalement organisés établiront entre l'un et l'autre une correspondance non interrompue. Cette correspondance ne pouvant se trouver, à un degré suffisant, dans l'intervention du Corps Législatif renouvelé seulement tous les six ans, il faut la chercher dans un développement nouveau donné à l'opinion.

Placée en dehors des corps constitués, sans action directe sur aucun d'eux, investie d'une puissance purement morale, la Presse serait merveilleusement propre à remplir ce rôle de conducteur du fluide dont le peuple est l'unique et grand réservoir. Grâce à elle, les deux extrémités du système se trouveraient en communication constante. L'électricité négative et l'électricité positive, s'il est permis d'emprunter ces termes à la physique, circuleraient sans interruption de l'une à l'autre et cet échange continu aurait pour effet d'éviter les décharges violentes que ne manquerait pas de produire, à la fin de chaque législature, la rencontre inattendue des deux électricités contraires.

Loin de heurter la tradition, cette combinaison serait conforme à nos mœurs nationales.

La Royauté a joué dans notre histoire un rôle immense. L'unité française s'est faite pour elle et par elle. il en est résulté dans l'imagination du peuple un idéal qui ne peut être satisfait, sans une certaine grandeur dans le représentant de l'autorité suprême. Cela explique peut-être le peu de durée qu'ont eue parmi nous les essais de monarchie bourgeoise. Au contraire, la forte constitution du pouvoir, dans l'empire actuel, outre qu'elle répond aux besoins de notre puissance nationale au dehors, réalise le type que le peuple s'est formé de l'autorité souveraine.

Toutefois, à côté de cette disposition d'esprit, il en est une autre qui n'a pas laissé dans nos mœurs une trace moins profonde. Je veux parler de ce besoin universel de savoir ce qui se fait dans le monde politique, d'y intervenir, du moins en paroles; de discuter, souvent de fronder les actes de l'autorité ; en un mot, de dire son avis sur les hommes et sur les choses du gouvernement. C'est le développement de cet instinct essentiellement français, qui a, de bonne heure, créé parmi nous l'opinion publique et lui a communiqué une force irrésistible. Lorsque la Royauté eût triomphé de toutes les résistances, lorsqu'elle ne trouva plus aucune limite, ni dans l'indépendonce de l'aristocratie féodale, ni dans l'intervention des États généraux, ni dans les *remontrances* du Parlement, la puissance de l'opinion vint lui opposer des bornes qui, pour être purement idéales, n'en étaient pas moins réelles.

« Le Roi continuait à parler en maître, dit M. de Tocqueville, mais il obéissait à une opininn publique qui l'inspirait ou l'entraînait tous les jours, qu'il consultait, craignait, flattait sans cesse ; absolu par la lettre des lois, limité par leur pratique. Dès 1784 Neker disait dans un document public, comme un fait incontesté : « La plupart des étrangers ont peine à se faire une idée de l'autorité qu'exerce en France aujourd'hui l'opinion publique. Ils comprennent difficilement ce que c'est que cette puissance invisible qui commande jusque dans le palais des Rois ; il en est pourtant ainsi. »

C'est cette puissance qu'il s'agit de dégager des

langes administratifs, et de constituer fortement, au sein de la démocratie française, pour l'éclairer, pour la moraliser et pour la contenir.

CHAPITRE V

Question du jury

Nous venons de parler des bienfaits de la Presse. Il
est temps de nous occuper de ses dangers.

Il y a, contre ces dangers, deux ordres de garanties :
l'un qui se rapporte à l'organisation, l'autre à la
répression du journalisme.

Le premier comprend les conditions réglementaires,
disciplinaires ou administratives qui peuvent être imposées à l'exercice du droit de publier un journal.

Le second embrasse le système des incriminations
pénales, la procédure et la juridiction.

Nous indiquerons, en finissant, les conditions princi-
pales de l'organisation nouvelle qu'il convient de donner à la Presse ; mais quant à présent nous voulons dé-
tacher de l'ensemble des questions qui se rapportent
à la *répression*, la question qui les domine toutes, celle
de la *juridiction*.

Le droit commun en cette matière se réduit à des
éléments bien simples : s'agit-il de délits ? le tribunal
de police correctionnelle ; s'agit-il de crimes ? la Cour
d'assises.

L'application de ces règles aux infractions commises par la voie de la Presse n'offrait aucune difficulté. Ces infractions étaient-elles punies d'amende et d'emprisonnement ? le droit commun voulait qu'elles fussent déférées aux tribunaux correctionnels. Etaient-elles punies de peines afflictives et infamantes ? la connaissance en appartenait à la Cour d'assises.

Comment donc s'est-il fait que, pendant une partie de la Restauration, et pendant tout le règne de Louis Philippe, on ait, par une exception singulière, attribué aux Cours d'assises la connaissance des délits de Presse ?

On serait très-embarrassé d'en donner une bonne raison juridique. La difficulté cesse, si l'on en demande l'explication à la politique et à l'histoire.

Qu'on se reporte à l'époque où la théorie du jury a pris naissance. C'était sous la Restauration. Un gouvernement rétrograde luttait contre les sentiments, les idées, les intérêts nouveaux d'une société régénérée. Les principes de la Révolution française étaient de nouveau mis en question. Les amis de la liberté, justement inquiets des intentions du pouvoir, songeaient moins à donner à la Presse une constitution équitable, qu'à en faire une arme de guerre, avec laquelle ils pussent résister au gouvernement, et même le renverser, si les conquêtes de la Révolution ne pouvaient être sauvées qu'à ce prix.

Dans cet ordre d'idées et de sentiments, on conçoit que le jury dut leur apparaître comme la juridiction la plus appropriée au but qu'ils se proposaient. Elle assurait à la Presse un théâtre, une occasion solennelle de discussion, en même temps que les plus grandes chances d'acquittement. Mais ces motifs n'étant pas avouables, il fallait en imaginer d'autres pour essayer de justifier cette dérogation aux règles ordinaires. De là, des théories plus ou moins ingénieuses, successivement enfantées par les esprits spéculatifs. L'hostilité des partis se déguisant en système juridique, le jury en matière de presse devint l'un des articles de foi du libéralisme de cette époque. Liés plus tard par leurs paroles et par leurs actes dans la *Comédie de Quinze ans*, les libéraux de la restauration ne purent se refuser à inscrire, dans la **Charte de 1830**, le principe de cette juridiction.

Dès lors, le mal fut irrémédiable ; car, à la différence de notre Constitution actuelle, la Charte n'était pas perfectible. Pendant dix huit ans, le gouvernement de 1830 lutta contre les obstacles que lui suscitait cette juridiction. Dans l'impossibilité de s'en affranchir, il tenta de l'éluder. Les jurisconsultes, les magistrats eux-mêmes, lui vinrent parfois en aide, par de complaisantes interprétations. Comment expliquer autrement l'habitude qui, par une sorte de découverte de la jurisprudence, s'était introduite dans les derniers temps, de substituer l'action civile à l'action criminelle, afin d'éviter le jury ? — N'est-ce pas sous l'empire des mêmes préoccupations, qu'en 1835, profitant de l'émotion causée par un forfait abominable, on fit violence aux principes du Droit pénal, et l'on attribua à la chambre des Pairs la connaissance de simples délits de Presse, transformés en attentats ?

Impuissants palliatifs, qui ne firent qu'irriter la plaie'
au lieu de la guérir !

La théorie la plus complète sur le jury est celle de
M. Royer-Collard ; elle peut se résumer ainsi : — Toute
législation pénale et par conséquent tout jugement proprement dit est impossible en matière de presse. D'une
part, la pensée de l'homme est trop fugitive pour pouvoir être emprisonnée dans les termes d'une définition
légale ; de l'autre, l'office du juge, en l'absence d'une
loi définissant avec clarté et certitude les faits délic-
tueux, ne serait que *l'arbitraire illimité, l'arbitraire
sans rivages.* — On s'attend à le voir conclure à l'impunité, et c'est en effet le résultat auquel M. de Girardin arrive sans hésitation ; mais non : seulement, au
lieu de confier l'usage de ce pouvoir arbitraire à des
juges inamovibles, il l'attribue à douze jurés pris au
hasard.

Le vice du raisonnement est manifeste. Un défaut
complet de logique y trahit l'embarras du grand philo-
sophe, subissant la pression de son parti, et obligé de
systématiser, à l'usage de celui-ci, une idée fausse qui
avait déjà pris cours.

De deux choses l'une : ou la Presse peut être punie,
et alors il faut lui trouver les meilleurs juges ; ou elle
ne peut pas l'être, et alors, douze jurés pris au hasard
n'ont aucun droit sur elle.

Examinons, l'une après l'autre, les deux branches de
ce dilemme.

Est-il vrai que tout jugement proprement dit soit impossible, en matière de Presse ?

Il y a là une idée juste, mais qu'on fausse en l'exagérant. Sans doute la définition des délits de Presse est plus difficile que celle des délits ordinaires ; mais elle n'est pas impossible. Toute la législation pénale appliquée depuis quarante ans est là pour le prouver. D'un autre côté, ne voit-on pas qu'une certaine mesure d'arbitraire est la condition inévitable des jugements humains. Même pour les délits de droit commun, une entière latitude d'appréciation n'est-elle pas laissée au juge dans la détermination de l'élément moral qui, le fait une fois constaté, aggrave, atténue ou efface entièrement la criminalité de l'agent ? La moralité, en même temps que l'honneur de la justice pénale, consiste en ceci, que c'est toujours la pensée de l'homme qui comparaît devant elle, même dans les actes les plus matériels soumis à son appréciation. Quelle est la mesure exacte de la criminalité intentionnelle ? La loi ne l'a pas dit, n'a pas pu le dire. Pour la déterminer, une grande somme d'arbitraire est forcément abandonnée au magistrat ; mais de ce que cet arbitraire augmente sa responsabilité, nul ne s'était encore avisé d'en conclure que toute justice répressive était impossible.

Quelles sont en effet les opérations intellectuelles que suppose l'exercice du droit de juger ? Elles sont au nombre de trois :

— Reconnaitre quelle est la loi pénale applicable ;

— Constater le fait qui donne lieu à son application;

— Déterminer le rapport entre la loi et le fait, ce qui comprend l'application de la peine.

Celui-là est le meilleur juge, en qui l'on trouve le plus d'aptitude à découvrir la vérité dans la loi, la vérité dans le fait, la vérité dans le rapport de la loi et du fait.

La question est donc en résumé de savoir si, en matière de Presse, le jury a plus d'aptitude que les tribunaux ordinaires pour reconnaître et déclarer la vérité du fait qui donne lieu à l'application de la loi pénale.

Ainsi posée la question se résout d'elle-même.

Nous disons d'abord que l'attribution au jury de la connaissance des simples délits de Presse a pour resultat d'altérer profondément le principe de l'institution.

L'idée fondamentale de la juridution des cours d'assises est le concours des citoyens et des magistrats à l'œuvre de la justice ; c'est le partage entre eux des opérations, qui constituent le jugement. Deux de ces opérations à savoir : la recherche de la loi applicable et le rapport du fait avec cette loi, sont exclusivement réservées à la Cour ; la troisième, à savoir: la constatation du fait, reste seule dans le domaine du jury. Cette distinction est essentielle, fondamentale. De même que les juges du droit ne doivent pas empiéter sur le domaine des juges du fait ; de même les juges du fait ne doivent pas empiéter sur le domaine des juges du droit. Tous ceux qui sont familiers avec la jurisprudence savent avec quelle fermeté la Cour suprême s'est toujours attachée à maintenir ces deux juridictions, chacune dans sa sphère. Cela est facile, lorsqu'il s'agit de crimes de droit commun, ou même de crimes commis par la voie de la Presse ; cela est presque impossible pour les délits du journalisme.

De quels éléments se composent les délits de la Presse? Il y a d'abord la publication, fait matériel et point de départ de toute incrimination. Sans doute, si la question posée portait sur le seul fait de la publication, rien ne serait plus aisé que de renfermer le jury dans son domaine propre ; mais il n'en est pas ainsi. On ne lui demande pas seulement si tel ou tel article a été publié, on lui demande en outre si, en le publiant, l'auteur s'est rendu coupable de tel délit. Or, ce délit est une création de la loi pénale qui en a déterminé les conditions constitutives. Ne faut-il pas, pour juger si l'auteur s'est rendu coupable de ce délit, que le jury examine, d'une part, la loi qui l'a défini, de l'autre, l'article incriminé, et détermine, au point de vue de la culpabilité de l'agent, le rapport qui existe entre l'une et l'autre ? C'est là une incursion manifeste sur le terrain du droit; toutefois le président de la Cour d'assises pourra-t-il s'y opposer? pourra-t-il arrêter l'avocat qui voudra discuter les termes de la loi? La Cour suprême, lorque l'arrêt lui sera déféré, aura-t-elle, elle-même, les moyens de maintenir la séparation fondamentale des deux juridictions ? Non. Les pouvoirs des juges du droit et des juges du fait se mêleront, se pénétreront forcément, et l'institution du jury se trouvera ainsi viciée dans son principe.

Cette confusion inévitable a produit dans la pratique

deux conséquences également funestes : D'une part, elle a amené la Cour de Cassation à sortir de sa sphère en se livrant à l'appréciation de l'écrit incriminé ; — de l'autre, elle a paralysé le pouvoir de révision de cette Cour, en lui ôtant tout moyen de maintenir l'unité de la législaton en matière de presse.

En résumé, l'attribution au jury des délits de presse dénature l'institution. Elle a pour effet de mêler et de confondre deux compétences qui doivent demeurer profondément distinctes. Elle absorbe le juge du droit, elle force la Cour de Cassation de sortir de ses attributions, elle lui ôte le pouvoir de rétablir l'autorité et l'uniformité de la loi. En un mot, elle jette le trouble dans l'organisation judiciaire. Voilà les résultats de la juridiction du jury, au point de vue des principes.

En fait, le jury a-t-il les aptitudes nécessaires pour bien juger ?

Il est indépendant, soit ; mais l'indépendance du juge ne suffit pas ; il lui faut encore l'intégrité et les lumières. Qu'importe que le juré soit assez indépendant pour proclamer la vérité, s'il n'a pas d'yeux pour la voir? Le simple bon sens, la droiture du sentiment moral suffisent pour diriger les jurés dans le jugement des crimes qui troublent profondément l'ordre extérieur ; ils ne suffisent pas pour les guider dans l'appréciation délicate des délits de la Presse Quoi ! Douze hommes pris au hasard, dans toutes les conditions de la société, appelés à résoudre un problème dont presque tous les éléments sont empruntés à une sphère idéale, accessible seulement à la culture d'esprit la plus avancée !!

Mais cette prétendue indépendance des jurés est-elle bien réelle? Le sort, qui plane sur toute l'institution, ne peut-il pas faire sortir de l'urne le vice aussi bien que la vertu, l'ignorance aussi bien que la science? Dans l'état présent de l'instruction générale, le calcul des probabilités n'est-il pas pour la première de ces hypothèses? Admettons que le juré n'ait rien à craindre ou à espérer du pouvoir, n'a-t-il rien à craindre ou à espérer des partis? Si le premier dédaigne d'avoir recours à la corruption, en sera-t-il de même des seconds? Les passions qui agitent le milieu où le jury est placé ne peuvent-elles facilement l'envelopper et le séduire? Dans le but d'éviter les influences qu'on suppose devoir s'exercer sur des magistrats inamovibles et protégés par leur haute position, craignons de subir celles des clubs, du café, quelquefois même du cabaret.

C'est assez sur la première partie du dilemme; je passe à la seconde. Le jury, mauvais comme institution judiciaire, est-il meilleur comme institution politique?

Il faut oublier tout ce que nous avons dit des aptitudes nécessaires pour bien juger; car il ne s'agit plus d'un jugement, il s'agit d'un acte purement politique, de l'exercice de cet arbitraire *illimité et sans rivages*, dont parle M. Royer-Collard.

A ce second point de vue, quel est le droit du jury, et à quel titre la compétence politique qu'on lui attribue peut-elle se justifier?

Les régimes précédents avaient assujetti l'exercice de la souveraineté électorale à certaines conditions de fortune. Le droit d'élire était concentré dans le cercle des *Censitaires*. Ce système se conçoit. Il est certain qu'il y a dans la possession de la propriété des garanties d'ordre, d'indépendance et de lumières qui peuvent être considérées comme le signe de l'aptitude politique. Mais transporter cette aptitude de l'électeur au juré; investir du droit de statuer sur l'honneur et la liberté d'un écrivain douze hommes pris sur une liste générale et passée au crible d'un double tirage au sort, n'est-ce pas la plus étrange conception qui soit jamais entrée dans le cerveau des faiseurs de théories ? Cete application inattendue de la loterie à la politique ne devait-elle pas avoir pour résultat de soumettre les intérêts de la Presse, du Gouvernement, de la Société, aux chances aléatoires de la faiblesse, de l'ineptie ou de la corruption ?

Qui jugera la presse la possédera, a-t-on dit. — Concluez alors qu'elle ne doit pas être jugée du tout. Mais si vous ne voulez pas aller jusque là, pourquoi le jury, plutôt que la magistrature? A moins que voulant, sans l'avouer, l'impunité systématique, vous n'ayez vu dans le jury un sûr moyen de l'obtenir, tout en conservant les apparences et les formes mensongères du régime repressif?

Les délits de la Presse sont, dites-vous, des délits d'opinion, — je le nie. Les délits de la presse sont des délits de droit commun commis à l'aide d'un instrument particulier.

D'ailleurs, s'ils sont des délits d'opinion, et que le jury représente l'opinion, le jury ne doit pas les juger; car, sans cela, il serait à la fois juge et partie.

Concluons : — La Lettre du 19 janvier est restée fidèle aux vrais principes, en attribuant aux tribunaux correctionnels la connaissance des délits de Presse. Cette compétence devra être maintenue, si l'on ne veut pas voir se renouveler les résultats funestes qu'a produits, pendant dix-huit ans, la juridiction du jury.

CHAPITRE VI

Résumé. —Réformes nécessaires

Arrivé presque au terme de notre tâche, résumons-nous en quelques lignes.

Le but que nous nous sommes proposé, est de découvrir cette position intermédiaire qui était dans les vœux de Tocqueville.

Nous avons analysé le décret de 1852, et, constatant qu'il ne reste plus rien des idées, des passions et des dangers de 1848 et de 1851, nous avons montré que la Lettre du 19 janvier est arrivée au moment opportun, que cette concession spontanée ramènera à l'Empire tous les esprits sincères et libéraux, pourvu qu'on n'en détruise pas le favorable effet, en voulant jouer misérablement sur les mots, pour maintenir l'autorisation, quand l'Empereur annonce *la suppression du Pouvoir discrétionnaire.*

Sentant que la liberté illimitée de la Presse n'a aucune chance sérieuse de succès, nous ne l'avons pas combattue en elle-même ; mais, prenant à partie M. de Girardin, qui seul a osé s'en faire l'apôtre, mettant le public en garde contre ses dangereuses utopies, nous avons rappelé à quel système funeste et chimérique, cet écrivain rattachait la liberté illimitée de la Presse, et comment, s'il n'était plus gêné par les lois, il la ferait concourir à la propagation de certaines idées destructives de toute société et de toute morale.

Nous avons dit, d'un autre côté, qu'il était impossible de nous ramener de vingt ans en arrière, comme par un coup de baguette. Nous avons fait voir qu'avec le jury la répression devenait illusoire, qu'à chaque poursuite le gouvernement perdait du terrain, et que le sort n'offrait aucune garantie d'intelligence ni d'impartialité dans des affaires d'un genre si délicat et si propre à passionner les esprits.

Nous en avons conclu que, si, la liberté de la Presse est la liberté démocratique par excellence, la grande Liberté, celle qui au besoin remplacerait toutes les autres, et seule peut combler l'espace immense qui, dans les circonstances normales, sépare l'Empereur du peuple; en un mot, si elle est la garantie nécessaire contre les abus du pouvoir; il faut des garanties contre ses propres excès, à elle qui est également un pouvoir, mais des garanties nouvelles, appropriées à un état de choses et d'institutions complétement transformé par les deux principes du suffrage universel et de la responsabilité Impériale.

Réclamer ces garanties, ce n'est pas supprimer la liberté de la pensée; sans doute, tout homme a le droit de publier son opinion par la voie de la Presse, mais est-ce la même chose que de fonder un journal ? Grouper autour de soi des gérants, des rédacteurs, des employés de toutes sortes, réunir des actionnaires, des bailleurs de fonds, des abonnés, entretenir des correspondants dans toutes les capitales, pouvoir répéter sa pensée tous les jours, sous toutes les formes, l'envoyer en même temps à tous les bouts de l'Europe, diriger à son gré, calmer ou effrayer, quelques milliers de lecteurs, devenir une puissance à laquelle le gouvernement lui même ne dédaigne pas de faire concurrence, disposer de la gloire des généraux, comme du succès des acteurs, telle est de nos jours, et dans notre pays, la position d'un directeur de journal, position d'autant plus considérable que le pouvoir de la Presse est concentré dans un très-petit nombre de villes et dans un très-petit nombre de mains. La création et l'exploitation d'une feuille périodique, étant une entreprise de commerce en même temps qu'un moyen d'action sociale, doivent donc être soumises à un régime particulier.

Ni arbitraire administratif, ni liberté illimitée, ni retour pur et simple à la législation de 1830; — que voulons-nous donc?

Des réformes de deux natures :

Les unes, destinées à faire disparaître les entraves dont la Presse se plaint légitimement.

Les autres, à conjurer les dangers, à réprimer les fautes, en même temps qu'à moraliser le personnel du journalisme.

D'abord, abolition du système préventif proprement dit, suppression de l'*autorisation*. — Et qu'on ne croie pas que le gouvernement y perde quelque chose! Ceux qui le soutiendront auront plus de crédit; les journaux, en se multipliant, perdront de leur puissance; tout sera dit et le souveraiu n'aura plus besoin d'avoir l'*oreille penchée*, pour connaître les sentiments du pays; la voix de l'opinion montera librement jusqu'à lui.

Le *Timbre* n'est pas une garantie, mais un impôt, c'est-à-dire une gêne inintelligente. On arrête ainsi l'essor de toutes les pensées; on augmente les frais de publication, et on empêche d'écrire; on augmente le prix du journal, et on empêche de lire. Le peuple vote et le peuple ne peut être éclairé. Le journal, c'est son pain intellectuel et politique; on ne met pas d'impôt sur les objets de première nécessité. Etes-vous sincèrement résolus à favoriser le développement de la Presse? Plus de timbre sur les journaux.

Les *droits de poste*, en tant que rémunération d'un service rendu, peuvent se justifier économiquement; mais ceux qui existent sont trop élevés. Il faudrait, pour bien faire, qu'ils ne fussent que la représentation exacte des frais réels occasionnés par le transport des journaux. Tout bénéfice est fait au détriment de la pensée, des citoyens et du gouvernement lui-même. Les journaux doivent arriver facilement dans chaque ville, si chaque ville n'a pas son journal.

Le *cautionnement* a, nous en convenons, le mérite

d'assurer l'exécution des peines pécuniaires prononcées contre le gérant du journal ; mais il avait un autre but, et ce but est manqué le plus souvent. Le directeur d'une feuille périodique doit avoir une certaine fortune, quelque chose à conserver. Il faut que chez lui l'idée des droits se lie intimement à l'intérêt personnel ; car le bien-être matériel exerce une influence presqu'irrésistible sur les actions politiques et même sur les opinions des hommes. Les prolétaires sont seuls à contester le principe de la propriété, et ce sont les enfants naturels qui attaquent la famille. — A ce point de vue, quelle sécurité peut offrir le cautionnement? — Il est fourni par des banquiers, quelquefois, (on en a eu la triste preuve dans un récent procès) par des diplomates étrangers, qui prennent sur le journal une influence prépondérante, sans souci de l'opinion publique, et des intérêts nationaux. Le gérant, pour avoir nominalement consigné cinquante ou même cent mille francs, n'en resterait pas moins *Giboyer* comme devant, garnement de lettres prenant la plume au sortir du collége, soutenant des entreprises véreuses, socialiste parce qu'il ne trouve pas de place dans le gouvernement, et qui « mesurant des yeux l'espace infranchissable qui sépare sa faiblesse et sa misère de la puissance et des richesses, voudrait essayer de combler cet abîme, en y entassant des ruines » — Impuissant, sous ce rapport, le cautionnement doit donc être remplacé, ou du moins complété, par une autre garantie, que nous indiquerons tout-à-l'heure.

Les *Imprimeurs* sont devenus pour les écrivains des censeurs officieux, souvent plus sévères que ceux de l'ancien régime. Aujourd'hui l'*Emile* n'aurait plus à être contrôlé et critiqué par M. de Malesherbe, mais il ne serait pas édité par Dentu. Où est le progrès ? — Diminuer le nombre des réglements, supprimer les brevets ou, au moins, ne plus les retirer pour simple contravention, par simple mesure administrative, faire de l'éditeur un instrument passif, le dégager complétement de la responsabilité qu'il redoute, du moment qu'il a pris toutes les précautions pour que l'auteur soit atteint par la justice, du moment où celui-ci signe et se fait connaître, voilà un aperçu des mesures qui, seules, feront disparaître l'obstacle que les écrivains trouvent parfois dans les craintes et les scrupules exagérés de l'imprimeur.

Comment veut-on qu'un journaliste, qui n'a pas fait des lois sur la Presse une étude longue et sérieuse, puisse se reconnaître au milieu de ce chaos juridique ? Pour savoir au juste ce qui lui est permis ou défendu, il faut qu'il dépouille le *Bulletin des lois* tout entier, qu'il tienne compte des époques si différentes où les dispositions ont été votées, qu'il remonte aux principes si opposés qui les ont inspirées, qu'il concilie entr'elles toutes ces lois, malgré leurs divergences apparentes et souvent réelles, qu'il consulte les arrêts ; en un mot, qu'il devienne un profond jurisconsulte, avant de pouvoir être impunément un médiocre publiciste. Du jour où on veut faire connaître aux Journalistes leurs droits,

en même temps que leurs obligations, il devient nécessaire de codifier les lois pénales et, en outre, de les réviser ; car plus d'une définition est vague, et plus d'une
qualification vicieuse. Ce sera faciliter la tâche des magistrats en épargnant aux écrivains de fâcheuses incer-
titudes.

Sous un régime où aucune poursuite ne saurait avoir
lieu contre les agents du gouvernement sans l'autorisation du Conseil d'État, il faut au moins pouvoir en
appeler au tribunal de l'opinion. L'article 75 de la Constitution de l'an VIII ne peut subsister qu'avec la liberté pour la Presse de signaler au public et au gouvernement lui-même les actes illicites des fonctionnaires.
L'article 20 de la loi du 26 mai 1819 portant qu'on
échappera à la peine de la diffamation en *prouvant la
vérité de l'imputation à tout agent de l'autorité, à
toute personne ayant agi dans un caractère public
de faits relatifs à ses fonctions*, cet article doit donc
être rétabli, si on veut rendre aux Journalistes un droit
de contrôle sérieux et faire de la Presse une seconde
tribune, toujours ouverte aux opprimés.

*L'autorisation, le timbre, les droits de poste, le cau-
tionnement, la responsabilité des Imprimeurs, la confusion de nos lois pénales, l'impossibilité de prouver,
même contre les fonctionnaires publics, la vérité du
fait diffamatoire*, telles sont aujourd'hui les conditions

imposées à la Presse, les restrictions anciennes ou nouvelles dont elle souffre. Ajoutons qu'elles sont anti-dé-
mocratiques, et qu'aux États-Unis, ce pays où on
applique si largement le suffrage universel, où la souveraineté du peuple est si fortement organisée, il n'y a
pas de patente pour les Imprimeurs, de timbre ni d'en-
registrement pour les journaux, et qu'enfin le cautionnement y est inconnu.

Il est un point délicat à traiter, surtout pour l'auteur
de cet écrit, c'est la nécessité, aujourd'hui manifeste, de
changements importants dans l'*organisation judiciaire*.

Le Gouvernement, sans tenir compte de la répugnance
des magistrats à assumer une si lourde responsabilité,
leur donne cette attribution redoutable d'une juridiction exclusive en matière de Presse. Il faut, qu'en
même temps, il leur assure des conditions d'existence
matérielle en rapport avec le pouvoir qu'il leur confie

Diminuer leur nombre, et leur créer une situation
offrant quelque analogie avec celle des juges d'Angle-
terre, voilà les deux termes de ce problème, qui peut
être résolu sans aucune aggravation des charges pu-
bliques.

Au lieu de vingt-huit, seize cours, autant que d'Aca-
démies ; des tribunaux de première instance, seulement
aux chefs-lieux de département. Au centre de l'arron-
dissement, un juge-de-paix, investi d'une juridiction
exceptionnelle, connaissant en appel des matières de
simple police, et chargé des instructions criminelles.

Ne pourrait-on, en entrant dans cette voie et en ménageant sagement les transitions, créer une organisation judiciaire plus en harmonie avec la situation économique et politique du pays?

Moins de magistrats, par conséquent des traitements plus élevés, des déplacements moins nombreux, des choix plus sévères, des situations stables et satisfaisantes dès les premiers degrés de la hiérarchie, une indépendance complète ; plus d'espérance d'avancements multipliés, ni de calcul pour l'avenir des siens : plus d'accusation vraisemblable, la dignité de la magistrature assurée le jour même où elle va être plus violemment attaquée.

Voyons maintenant quelles sont les garanties à maintenir ou à demander pour se prémunir contre les abus de la Presse elle-même.

D'après l'article 6 de la loi du 18 juillet 1828, il faut, pour chaque journal, une déclaration, d'abord à l'origine de l'entreprise, ensuite à chaque mutation. La *déclaration préalable* comprend l'annonce du titre du Journal et des conditions de périodicité, la liste des propriétaires avec l'indication de la part de chacun, enfin la désignation des gérants responsables. Elle fait connaître au Gouvernement quel est le personnel de la nouvelle feuille, quels sont les hommes dont il aura à subir le contrôle et qu'il sera peut-être obligé de poursuivre devant les tribunaux. Cet article doit être rétabli, car il n'a rien de vraiment préventif. Le citoyen qui veut user de son droit n'a que des conditions matérielles à remplir ; et peu importe au fond que les lois soient plus ou moins sévères, du moment où la règle est commune et où l'on n'a plus à craindre d'être repoussé uniquement « parce qu'on n'entend pas la politique du Gouvernement, comme il faut la comprendre pour la bien critiquer. »

Le gérant est connu, mais son action sur les rédacteurs sera-t-elle réelle et sa responsabilité sérieuse? Le cautionnement? il est probablement fourni par des tiers. Sa part dans l'entreprise ? elle peut être fictive. Il suffit de contre-lettres pour éluder la loi. Comment être sûr dès lors que le gérant apportera aux bureaux du journal des idées d'ordre et de conservation, qu'il tiendra à quelqu'un et à quelque chose, qu'il ne sera ni un homme de paille, ni un boute feu ? On a essayé jusqu'ici de tous les moyens, on a échoué. Pourquoi ne pas transporter le système des *Censitaires* de l'électeur au gérant ? Le journaliste vote tous les jours, vote sur toutes les questions, et ce vote public entraîne souvent celui de beaucoup d'autres. C'est la souveraineté de la raison, à côté de la souveraineté du peuple. La raison éclairant le nombre, le nombre venant apporter à la raison sa force irrésistible. Tout l'avenir de la démocratie française est dans cette alliance du suffrage universel et de la Presse.

Un cens exigé du gérant, voilà donc cette garantie non encore expérimentée pour le journalisme et dont l'efficacité semble incontestable.

Il y a un contrôle nécessaire de la Presse par le suffrage universel. Le journaliste attend avec anxiété l'époque du scrutin pour savoir si ses opinions sortiront triomphantes de l'urne. Il sent un juge dans l'électeur. Il est fait pour lui, il s'adrésse à lui, il dépend de lui. Il le flatte et le dirige; comme le grec à Rome, il est en même temps son esclave et son précepteur. Mais ce n'est pas seulement au jour de l'élection, que les citoyens ont le droit de se prononcer sur les doctrines de la Presse. Il faut, qu'à côté des attaques violentes et injustes de la raison égarée, les élus du pays puissent placer, en tout temps, leur calme et ferme protestation. L'idée des *avertissements* n'est pas absolument mauvaise ; seulement ils ne doivent pas venir du pouvoir attaqué ; mais bien du suffrage universel, arbitre incontestable dans les discussions politiques. Qu'ils soien donnés dans les départements, par les Conseils généraux, à Paris, par le Corps législatif ; et il n'y a plus rien d'illogique ; un danger seulement est à craindre.

Sans doute ce sera un tribunal dévoué à l'ordre existant et ayant constitutionnellement le droit de représenter l'opinion ; mais ce sera aussi un tribunal jugeant sans publicité et punissant l'intention plus que les mots. Ce ne sera, de plus, que l'expression de la majorité ; or, il ne faut pas qu'elle puisse, abusant de ses avantages, écraser la minorité et la réduire au silence en lui enlevant, un à un, tous ses organes. Une garantie est nécessaire, quelle sera-t-elle ? L'intervention de la justice, d'un corps complctement étranger à la politique, de magistrats inamovibles et indépendants.

Que tout journal puisse soutenir de bonne foi une
thèse contraire au sentiment de la majorité ; mais lorsqu'il aura déjà violé la loi en plusieurs circonstances,
lorsque des condamnations géminées seront venues
prouver que son opposition est anti-dynastique et ses
principes anti-sociaux; alors, que le rédacteur ne croie
pas échapper à la répression qu'il mérite, par la sou-
plesse d'un langage se dérobant aux incriminations
légales.

Toutefois, le premier et le plus moralisant de tous les
contrôles ne serait-il pas celui que les journalistes exer-
ceraient les uns sur les autres ? Que ne gagneraient-ils
point à constituer dans leur sein une sorte de *Conseil de
discipline*, à marcher sans cesse en pleine publicité, portant sur le front ce qu'ils ont été et ce qu'ils ont fait! on
ne peut être avocat sans subir, à l'entrée de la carrière,
une sorte d'examen moral qui, lorsque le nouveau
membre en sort à son honneur, devient un titre pour
lui en même temps qu'une garantie pour le public ; et
ceux qui prétendent parler de la Chambre et des Ministres, qui se font les censeurs de la Société, qui s'ar-
rogent le droit de juger des institutions comme des
hommes, ceux, en un mot, qui veulent traduire et diriger l'opinion, seront obligés de tolérer des gens disso-
lus ou tarés, ils ne pourront repousser des confrères qui
les déshonorent !

Que désormais les nouveaux journalistes aient à se
faire admettre par leurs pairs, sauf appel aux tribunaux ; que sur eux, chacun soit libre de dire tout ce

qu'il sait, tout ce qu'il pense, pourvu que la vie pri-
vée ne soit pas atteinte et que la vérité ne soit pas alté-
rée ; que pour eux, comme pour les fonctionnaires publics, on fasse exception à la règle qui interdit de prouver la vérité du fait diffamatoire : alors quand ils vien-
dront nous parler de morale, de patriotisme et d'indépendance, nous saurons quels hommes nous avons devant
nous, et si leur vie passée vient ajouter quelque poids
à l'éclat du style et à la subtilité des raisonnements.

Ainsi *Déclaration préalable, Cens exigé du gérant,
Suspension ou Suppression par les Corps électifs, mais
après condamnation judiciaire, Conseil de discipline
formé par les journalistes eux-mêmes, Possibilité de
prouver contre eux la vérité du fait diffamatoire*, telles
sont les garanties que nous voudrions donner à l'ordre
contre les abus de la liberté de la Presse.

Non, que nous nous flattions de conjurer tous les dangers, de prévenir tous les excès. Peut-être le défaut de
la Presse française sera-t-il encore longtemps de connaître la théorie mieux que les affaires, de rechercher
les idées générales plutôt que de se prendre aux réali-
tés, et d'affecter des apparences révolutionnaires alors
même qu'elle n'aspirerait qu'à des réformes. Cependant
nous croyons à son avenir ; nous croyons qu'elle est
destinée à consolider la dynastie impériale, loin de la
mettre en péril; nous croyons que la France est désormais le pays qui contient le moins de germes de Révolution et que les Orléanistes et les Républicains, dé-
pouillés du privilége de représenter la liberté parmi

nous, sont condamnés, comme partis, à une complète impuissance ou à une prompte di-persion.

Au moment où la loi nouvelle sur la Presse va être discutée, nous avons cru faire acte de bon citoyen en communiquant au public le résultat de longues méditations. Jadis le gouvernement admettait officiellement la Cour de Cassation à donner son avis en pareille matière. Ayant possédé ce privilége, n'avons-nous pas une compétence particulière quand nous nous contentons du Droit commun ?

TABLE DES MATIÈRES

Abbeville — Imprimerie de P. Briez.